Les person
de l'hist

Julie

Mathieu

1 Montre le dessin quand tu entends le son (eu) comme dans amour<u>eu</u>x.

2 Lis ces syllabes.

ieu	mou	reu	ju	li	mai
pui	tou	fre	pon	flé	chi

3 Lis ces mots outils.

est	de	mais	pas	c'est
et	il	elle	oui	ses

L'amoureux de Julie

hachette
ÉDUCATION

Avec Sami et Julie, lire est un plaisir !

Avant de lire l'histoire

- Parlez ensemble du titre et de l'illustration en couverture, afin de préparer la compréhension globale de l'histoire.
- Vous pouvez dans un premier temps lire l'histoire en entier à votre enfant, pour qu'ensuite il la lise seul.
- Si besoin, proposez les activités de préparation à la lecture pages 4 et 5. Elles permettront de déchiffrer les mots les plus difficiles.

Après avoir lu l'histoire

- Parlez ensemble de l'histoire en posant les questions de la page 30 : « As-tu bien compris l'histoire ? »
- Vous pouvez aussi parler ensemble de ses réactions, de son avis, en vous appuyant sur les questions de la page 31 : «Et toi, qu'en penses-tu ?»

Bonne lecture !

Couverture : Mélissa Chalot
Maquette intérieure : Mélissa Chalot
Mise en page : Typo-Virgule
Illustrations : Thérèse Bonté
Édition : Laurence Lesbre
Relecture ortho-typo : Emmanuelle Mary

ISBN : 978-2-01-270620-0
© Hachette Livre 2015.

Achevé d'imprimer en Espagne par Unigraf
Dépôt légal : mars 2018 - Collection n° 12 - Édition : 08 - 30/0006/4

4 Lis les jours de la semaine.

lundi

mardi

mercredi

jeudi

vendredi

samedi

dimanche

5 Lis les mots de l'histoire.

Mathieu

amoureux

anniversaire

Mathieu est amoureux

de Julie.

Lundi Mathieu

lui offre un dessin.

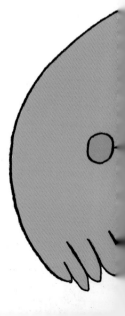

Julie dit

qu'elle n'est pas

amoureuse de Mathieu.

– C'est juste un ami,

dit-elle.

Et puis c'est tout !

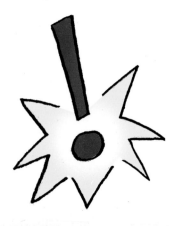

Mais mardi

Julie lui répond.

Mathieu est heureux !

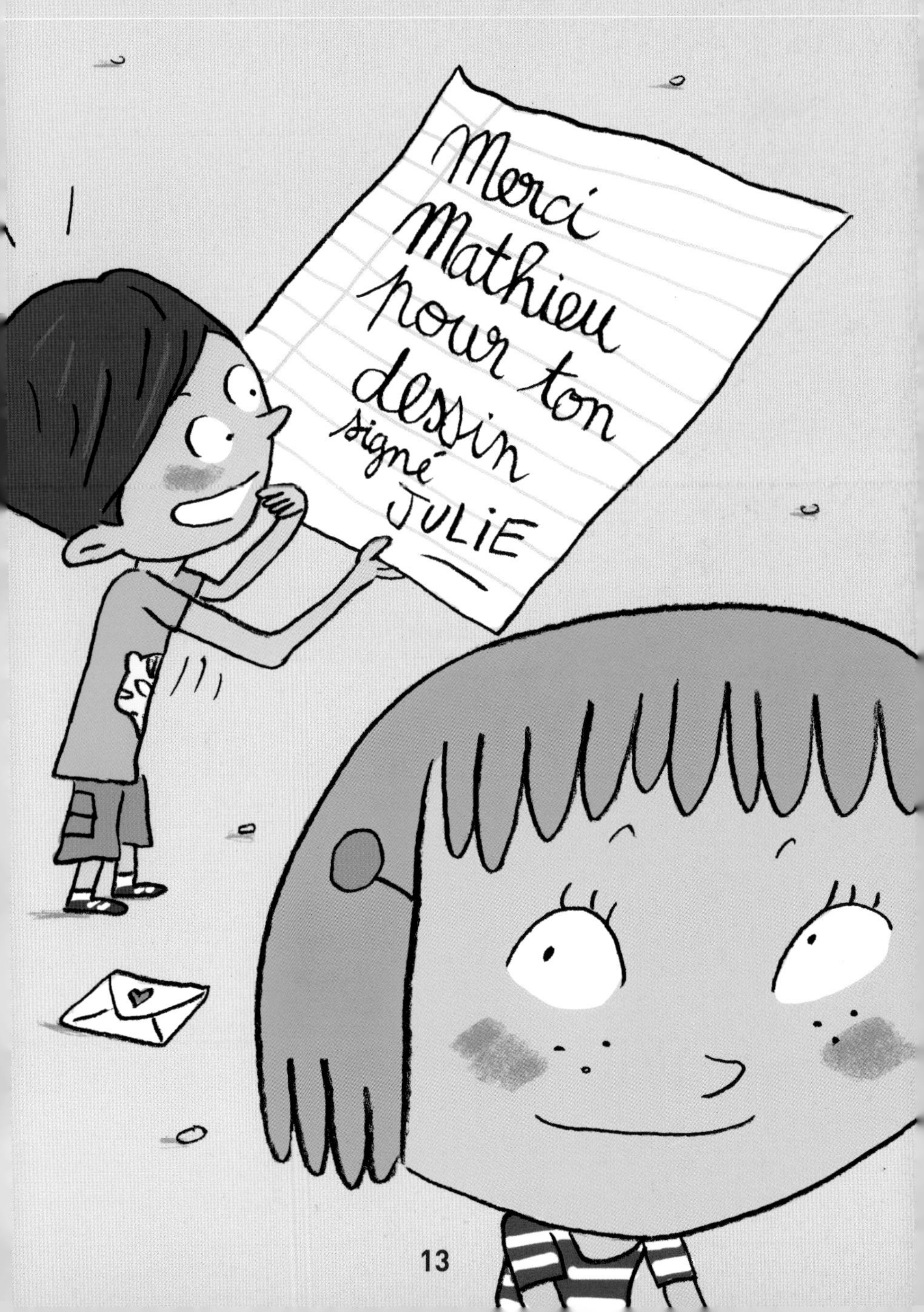
Merci
Mathieu
pour ton
dessin
signé
JULIE

Mercredi il lui demande

si elle veut être

son amoureuse.

Julie réfléchit un tout

petit peu.

– Euh… oui !

Jeudi, à la cantine,

Mathieu lui donne

presque toutes ses frites !

Vendredi Julie joue

avec lui à la récré

du matin.

Et à toutes les autres

récrés aussi !

Samedi Julie

l'a même invité

à son anniversaire.

Pour être beau,

Mathieu a mis du gel

dans ses cheveux.

Dimanche Julie se repose !

Ça va Julie,

ma petite chérie ?

Être

c'est

As-tu bien compris l'histoire ?

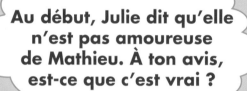

1 Au début, Julie dit qu'elle n'est pas amoureuse de Mathieu. À ton avis, est-ce que c'est vrai ?

2 Qu'est-ce qu'il se passe lundi ?

3 Pourquoi Mathieu est-il heureux mardi ?

4 À la cantine, qu'est-ce que Mathieu donne à Julie ?

5 Le jour de l'anniversaire, que fait Mathieu pour être plus beau ?

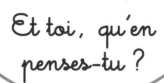

Et toi, qu'en penses-tu ?

Qu'est-ce que c'est
« être amoureux »
pour toi ?

Est-ce que toi aussi
tu as un amoureux ou
une amoureuse ?

Tu préfères
que ce soit
un secret
ou en parler ?

Être amoureux,
ça te rend
heureux
ou ça te rend
timide ?

Comment est ton
amoureux /
amoureuse ?

Dans la même collection :

Niveau 1
Début de CP

Niveau 2
Milieu de CP

Niveau 3
Fin de CP

Niveau CE1

Et dans la collection des **Petites Enquêtes** trop chouettes :

CP et CE1 6-8 ans

hachette
ÉDUCATION